El Universo de Hanna

Un devocional Cristiano de 21 días para niños

Por Rosalina Rangel

Hanna's Universe

Las citas bíblicas han sido tomadas de la Santa Biblia.
 Reina-Valera 1960, NTV.
ISBN: 979-8-9957052-3-9
Publicado por: Hanna's Universe
 Primera edición: 2026
Impreso en Estados Unidos

Para más información:
www.hannasuniverse.com

Este devocional pertenece a:

....

Dedicatoria

Este libro está dedicado primero a Dios,
 fuente de toda vida y esperanza.

Gracias, Papito Dios, por sostenerme,
 por darme una nueva oportunidad de vivir
 y por caminar conmigo incluso en los momentos más difíciles.

También lo dedico a mi familia,
 mi refugio, mi fuerza y mi inspiración.

Ustedes han sido amor constante,
 luz en la oscuridad
 y motivo para seguir creyendo.

Este libro nace de la gratitud,
 de la vida que renace
 y del amor que nunca se rinde.

Con amor,
Rosalina

Nota a los Padres

Queridos padres,

Este devocional ha sido creado con amor para acompañar a sus hijos durante 21 días de reflexión, ternura y encuentro con Dios. Cada historia de Hanna y sus amigos ha sido pensada para sembrar en el corazón de los niños valores como la fe, la confianza, la gratitud, la empatía y la esperanza.

Sabemos que la infancia es una etapa llena de preguntas, emociones intensas y aprendizajes diarios; por eso, este libro no busca dar respuestas complicadas, sino invitar a los niños a descubrir a Dios de una manera cercana, amorosa y cotidiana, a través de historias sencillas y situaciones con las que pueden identificarse.

Les animamos a leer este devocional junto a sus hijos, a escuchar sus respuestas a las pequeñas preguntas al final de cada día y a orar juntos.

Estos momentos compartidos fortalecen no solo la fe, sino también los lazos familiares.

Que este libro sea un espacio seguro donde los niños aprendan que:

- Dios siempre los escucha
- Su voz trae paz
- Amar y ayudar es una forma de brillar
- Nunca están solos, aun en los días difíciles

Gracias por permitir que este devocional forme parte de la vida espiritual de su familia.

Con cariño,

Rosalina Rangel

Conoce a Hanna y a sus Amigos

Hanna

Hanna es una niña curiosa y bondadosa.
Cada día aprende a escuchar la voz de Dios y a confiar en Su amor.
No tiene todas las respuestas, pero tiene un corazón dispuesto a crecer.

Dogui

Dogui es su perrito fiel.
Es cercano, alegre y siempre está atento a los demás.
Nos enseña la importancia de la empatía: acompañar, cuidar y estar presentes con amor.

Michiko

Michiko es un gatito serio y muy racional.
Le gusta que las cosas se hagan bien y no se rinde fácilmente.
Nos enseña la perseverancia, la disciplina y la importancia de hacer lo correcto, incluso cuando es difícil.

Sagu

Sagu es un conejito tranquilo y reflexivo.
Escucha, observa y piensa antes de decidir.
Nos enseña a encontrar equilibrio entre el corazón y la razón, y a elegir con sabiduría, evitando los extremos.

El Ratoncito

En cada historia encontrarás un pequeño ratón escondido.
 Representa la curiosidad: el deseo de buscar, aprender y descubrir a Dios en lo cotidiano.

El Huevito

También verás un pequeño huevo en cada página.
 Simboliza el aprendizaje que está comenzando.
 Nos recuerda que siempre hay algo nuevo por descubrir y que Dios obra en cada proceso.

Pequeño Desafío

¿Puedes encontrar al ratoncito y al huevito en cada historia?

Nuestro Viaje de 21 Días

Día 1 – El fuego que no se apaga

Día 2 – El pastel escondido

Día 3 – El pequeño gran valor de Sagu

Día 4 – El paraguas que. no se rompe

Día 5 – El árbol que susurra

Día 6 – Huellas misteriosas

Día 7 – Michiko se rindió

Día 8 – El regalo de Dogui

Día 9 – El mapa del tesoro

Día 10 – El gigante invisible

Día 11 – Pan calientito

Día 12 – Dios me hace fuerte

Día 13 – El regalo de la obediencia

Día 14 – Cuando el amor gana la carrera

Día 15 – Cada fruto a su tiempo

Día 16 – Un tiempo para todo

Día 17 – Aprender a esperar

Día 18 – Un corazón que sabe escuchar

Día 19 – Montaña de plegarias

Día 20 – El camino que Dios endereza

Día 21 – El día en que todos brillaron

Día 1 - El Fuego que Nunca Se Apaga

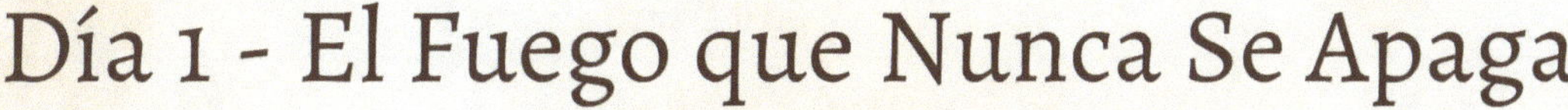

"El Señor es mi luz y mi salvación,
entonces ¿por qué habría de temer?" Salmo 27:1

Estaba fría la noche y, en medio del bosque, Hanna y sus amigos acampaban junto a una pequeña fogata. Cantaban alegremente, dejando que sus voces calentaran el aire helado.

De repente, unas hojas secas se levantaron formando un pequeño remolino. El viento frío sopló con fuerza, tratando de apagar la fogata.

Las voces se detuvieron.

El silencio los rodeó.

La llama tembló… casi se apagaba.

Hanna sintió un pinchazo de miedo. Miró a Sagu, cuyas orejas se habían doblado hacia abajo. Dogui tembló y se acurrucó en sus rodillas.

Hanna tragó saliva y, con una sonrisa temerosa, les preguntó:

—¿Y si se apaga el fuego?

Alzó la mirada. En ese instante, una nube se movió lentamente y dejó ver la luna blanca y hermosa, que iluminó suavemente el campamento.

—Aun si el fuego se apaga —dijo Hanna con una sonrisa tranquila—, la luz de Dios nunca lo hará.

Papito Dios, que tu luz siempre ilumine mi camino y me lleve al destino que haz preparado para mi. Amén.

¿A ti que te hace sentir seguro?

Día 2 - El Pastel Escondido

"Den gracias al Señor porque él es bueno, su gran amor perdura para siempre". -Salmo 118:1

Hanna había tenido un día muy largo. Había recogido su cuarto, hecho sus deberes y ayudado a su mamá a secar la loza. Estaba cansada y solo deseaba una cosa: un pedacito de pastel que había visto en la cocina por la mañana.

Mientras trabajaba, imaginaba lo rico que sería compartirlo con sus amigos. Pero cuando por fin terminó todo y corrió a la cocina... el pastel ya no estaba.

 Se había acabado.

Hanna suspiró y sintió un nudo en el corazón.

"¿Por qué, Dios? ¿Por qué algo que deseaba tanto no estaba para mí?", pensó mientras se sentaba triste en el sillón.

Justo entonces apareció Sagu, con un platico en las manos y una sonrisa tímida.

—Mientras estabas ocupada —dijo suavemente— pensé en ti... y te guardé este pedazo de pastel.

Los ojos de Hanna brillaron. No era solo pastel: era una muestra del amor de Dios a través de un amigo que pensó en ella.

Papito Dios, gracias por conocer mis deseos y por usar a las personas para mostrarme Tu amor. Ayúdame a confiar en que siempre cuidas de mí. Amén.

¿Quién ha sido una bendición para ti hoy?

Día 3 - El Pequeño Gran Valor de Sagu

"Guía a los humildes para que hagan lo correcto; les enseña su camino.».- Salmo 25:9

Sagu caminaba por el campo recogiendo frutos rojos para compartir con Hanna y sus amigos. Estaba tan feliz que no se dio cuenta de que había ido demasiado lejos. De pronto, sintió miedo y un gran cansancio. La noche se acercaba y no sabía si debía seguir o detenerse a descansar.

Con un suspiro, Sagu oró en voz bajita:
—Papito Dios, ¿qué debo hacer ahora?
Se sentó detrás de un gran arbusto sin saber que ese mismo arbusto estaba escondiendo el camino más corto a casa. Justo entonces escuchó risas familiares. Al otro lado estaban Hanna, Dogui y Michiko, jugando y buscándolo.

Sagu se puso de pie y sonrió aliviado.
Había encontrado el camino... aunque siempre estuvo allí.

Papito Dios, ayúdame a confiar en ti cuando no sé qué camino tomar. Muéstrame siempre tu dirección. Amén.

¿Cuándo te sentiste perdido o inseguro?

Día 4 - El Paraguas que No se Rompe

"Tú eres mi refugio…" -Salmo 32:7

—¡Está lloviendo! —gritó Michiko al mirar por la ventana.
 Una nube negra cubría el cielo, y Sagu, curioso, dio un salto para ver también.
 Dogui, que estaba dormido, levantó sus cejas con preocupación.
Todos habían planeado un día divertido al aire libre, pero de pronto sintieron que el día ya no era tan bonito. La lluvia golpeaba los cristales y el cielo estaba gris.
Hanna los llamó con una sonrisa suave y los sentó a su alrededor.
 —Mi abuela me contó algo hermoso —dijo mientras los miraba con cariño—. Aunque parezca que no hay sol, él siempre está allí, detrás de las nubes. Y ¿saben? Papito Dios manda la lluvia para las plantas, para los animalitos… y también para nosotros.
 Por eso —continuó— los días grises también pueden ser lindos.
Hanna tomó su paraguas de colores y los invitó a salir. Los cuatro caminaron bajo la lluvia, escuchando el sonido suave de las gotas.
—Papito Dios es como este paraguas —explicó Hanna—.
Aunque llueva fuerte, Él no se rompe. Él nos protege. Y aun en los días lluviosos, Él nos invita a disfrutar sin miedo.

Papito Dios, gracias por los días grises, te pido que siempre me acompañes y me guíes. Amén.

¿Cómo te ha protegido Dios esta semana ?

Día 5 - El Árbol que Susurra

"Habla, Señor, que tu siervo escucha." — 1 Samuel 3:10

Habían jugado toda la tarde, y Hanna invitó a sus amigos a descansar bajo su árbol preferido, ese que siempre daba sombra fresca y los hacía sentir seguros.

Se sentaron en silencio, dejando que el viento moviera las hojas como si fueran pequeñas voces.

De pronto, Hanna sintió algo especial: una hoja rozó su mejilla y el árbol pareció susurrar suavemente su nombre.

Hanna abrió los ojos con una sonrisa.

—Siento que el árbol me está hablando —les dijo—.

Creo que es Papito Dios recordándome que Él también nos llama por nuestro nombre, con una voz dulce y apacible que trae paz al corazón.

Y allí, bajo ese árbol, todos sintieron que Dios estaba muy cerquita de ellos.

Papito Dios, enséñame a estar quieto y escuchar tu voz, que sea tu voz la que guía mi camino . Amén.

¿Cuál es tu lugar preferido para escuchar la voz de Dios ?

Día 6 - Huellas Misteriosas

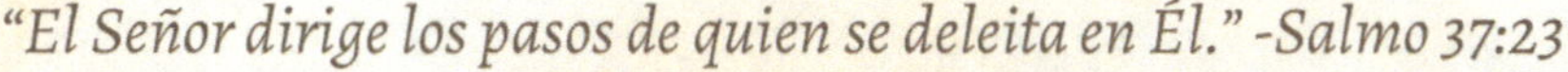

Había sido un día mezclado de lluvia y sol. Las calles estaban llenas de charcos, y Hanna y sus amigos habían pasado la tarde saltando de uno a otro, riendo sin parar. El tiempo se les fue volando... y de pronto, se dieron cuenta de que era tarde para volver a casa.

Sagu bajó sus orejitas y dijo con un hilo de voz:

—Hanna... no recuerdo el camino de regreso.

Él siempre se veía a sí mismo como el líder del grupo, pero esta vez su corazón se encogió. Sentirse perdido le daba miedo.

—Dios... ¿cuál es el camino a casa? —susurró con tristeza.

Hanna lo tomó de la patita y sonrió con dulzura. Señaló el suelo húmedo.

—Mira, Sagu. Nuestros pasos han dejado huellas.

Aunque a veces sintamos que estamos perdidos... Dios siempre nos muestra el camino de regreso.

Sagu miró las huellas marcadas en el barro. Su corazón se llenó de paz. No estaba solo. Dios siempre está guiando.

Papito Dios, siempre quiero reconocer tus huellas, andar confiado aún cuando me sienta perdido por que tu amor me guía. Amén

¿Sientes que Dios puede guiar tus pasos ?

Día 7 - Michiko Se Rindió

"Todo lo puedo en Cristo que me fortalece".- Fil 4:13

—¡Ya no puedo más! —maulló Michiko mientras de un salto llegaba a la parte más alta de la alacena—. Este día no ha sido mi mejor día. No aguanto a Dogui y sus ladridos estridentes... ni a Sagu con sus brinquitos y sus paticas de algodón.

Había intentado construir una torre de bloques "a su estilo", pero todo se derrumbaba.

Una vez, dos, tres... siete veces.

—Tal vez Dios no me hizo tan inteligente como pensaba —dijo con tristeza.

Hanna lo miró con ternura y se acercó.

—Michiko, no te rindas. Inténtalo una vez más y lo lograrás. Eres muy inteligente: ¡has encontrado siete formas en las que no se debe armar la torre! Dios hace todo bueno... y a ti te hizo muy bueno, incluso cuando estás aprendiendo de los errores.

Michiko dudó un momento, pero bajó de la alacena.

Respiró hondo y comenzó a construir de nuevo.

Bloque tras bloque...

—¡Hanna, lo logré! —maulló con alegría—. ¡Dios no se equivocó, pude hacerlo!

Papito Dios, reconozco que a veces me enojo cuando las cosas no salen como espero, enséñame a fortalecerme en ti y a volver a empezar siempre que sea necesario. Amén.

¿Hay algo que debes intentar nuevamente ?

Día 8 - El Regalo de Dogui

"Cada uno debe dar según lo que haya decidido en su corazón."- 2Cor9:7

Dogui no podía quedarse quieto. Iba de un lado al otro con tanta emoción que Michiko ya estaba desesperado.

—¡Deja de moverte! —gruñó el gato desde su rincón.

Dogui sostenía entre sus patitas un hueso blanco y limpio, envuelto con un moño rosa gigante. Había pasado todo el día pensando en Hanna, imaginando su sonrisa cuando viera el regalo.

Cuando por fin Hanna llegó, Dogui dio un brinco enorme y le entregó el regalo con brillo en los ojos.

—Estuve pensando en ti todo el día. Este es para ti —dijo con una sonrisa que casi no le cabía en el rostro.

Hanna tomó el regalo con ternura. Michiko, con su típica sinceridad gruñona, murmuró: —Pero... es solo un hueso.

Hanna se agachó para ver a Dogui a los ojos y dijo suavemente:

—Dios ama al que da con alegría. Lo más hermoso de este regalo no es lo que es... sino que pensaste en mí todo el día. Eso es lo que hace un regalo verdaderamente especial.

Dogui movió la cola con fuerza, feliz de haber dado desde el corazón.

Papito Dios, me encanta dar con alegría y amor, compartir lo que me has dado y hacerte sonreír. Recuérdame siempre dar con un corazón alegre. Amén.

¿Hay algo que hoy puedes dar con alegría?

Con amor

Día 9 - El Mapa del Tesoro

"Porque yo conozco los planes que tengo para ustedes —afirma el Señor—" Jer. 29:11

Era un día muy especial: Domingo de Resurrección.
 Al despertar, Hanna encontró un sobre misterioso sobre su cama. Lo abrió con cuidado y vio un papel lleno de líneas, dibujos y flechas.
—Parece un mapa del tesoro… —susurró asombrada.
Michiko, mirando el papel con sus ojos entrecerrados, maulló:
—No entiendo nada de esto…
Dogui, en cambio, estaba tan emocionado que no dejaba de saltar.
—¡Es un mapa! ¡Y un tesoro nos espera! —ladró con alegría.
Sagu, con sus manitas blancas juntas, dijo muy convencido:
—Debe ser un tesoro muy especial… ¡corramos!
Los cuatro amigos siguieron las pistas hasta llegar al jardín.
 Allí encontraron huevos de colores escondidos y, en el centro, un baúlito.
Hanna la abrió lentamente.
 Dentro había un pequeño papel dorado que decía:
"Dios siempre tiene un buen plan para ti.
 Y Su plan es el verdadero tesoro."
Hanna sonrió. No era un tesoro cualquiera…
 Era un recordatorio de que Dios siempre guía su vida con amor.

Papito Dios, tu Palabra es mi tesoro, guíame para encontrarla siempre.
Amén

¿Dónde ves los tesoros de Dios en tu vida?

Día 10 - El Gigante Invisible

"Porque por fe andamos, no por vista."- 2Cor5:7

Era de noche en casa de la abuela. La habitación estaba iluminada solo por una velita, y parecía una pequeña capilla llena de paz. Hanna y sus amigos jugaban felices, proyectando sombras en la pared.

Hanna levantó las manos y formó la silueta de un perro.

—¡Ese soy yo! —ladró Dogui, dando vueltas de alegría.

Después hizo un conejo, y Sagu dió pequeños saltitos pidiendo que lo repitiera una y otra vez.

Todo era risa… hasta que, de repente, una sombra enorme oscureció la pared.

Todos gritaron y saltaron del susto.

Pero no era un gigante.

Era la abuela, sonriendo mientras traía una bandeja con chocolate caliente. Ella se sentó con ellos y dijo con dulzura:

—A veces las cosas parecen más grandes y más oscuras de lo que realmente son. Pero Dios nos ayuda a verlas con fe y no con miedo. La fe es siempre más grande que cualquier gigante invisible.

Los niños respiraron aliviados… y juntos disfrutaron el chocolate sabiendo que Dios siempre está con ellos, aun en la oscuridad.

Papito Dios, quiero confiar siempre en que tu presencia me acompaña cada día. Ayúdame a no sentir temor, porque sé que tú estás conmigo. Amén.

¿Quieres que papito Dios te ayude con algo que te asusta?

Día 11 - Pan Calientito

"Danos hoy nuestro pan cotidiano." -Mat.6:11

La tarde estaba fría y gris, pero Hanna y sus amigos caminaban felices, pensando en el chocolate calientito que la abuela siempre preparaba.

—Una taza de chocolate calienta el alma —solía decir ella.

En la esquina, una familia estaba sentada. Un niño se acercó a Hanna y le pidió, con esperanza en los ojos:

—¿Tienes un pedacito de pan?

Hanna miró el pan que llevaba para la abuela... y su corazón se llenó de ternura. En ese instante se sintió muy afortunada de todo lo que Dios le había dado. Lo partió en dos y se lo entregó al niño con una sonrisa suave.

Luego miró a sus amigos y dijo:

—Somos muy bendecidos. A veces no imaginamos cuánto significa para otros lo que nosotros damos por seguro.

Dogui bajó sus orejas con ternura, Sagu apretó la mano de Hanna y Michiko susurró: -Hanna tiene un gran corazón.

Y mientras seguían su camino, sus corazones se sintieron más tibios que una taza de chocolate caliente.

Papito Dios, gracias por darme todo lo que necesito, ayúdame a compartir con amor lo que tu me das, así como Hanna lo hizo. Amén

¿Qué te ha dado papito Dios por lo cual estás agradecido?

Día 12 - Dios me hace Fuerte

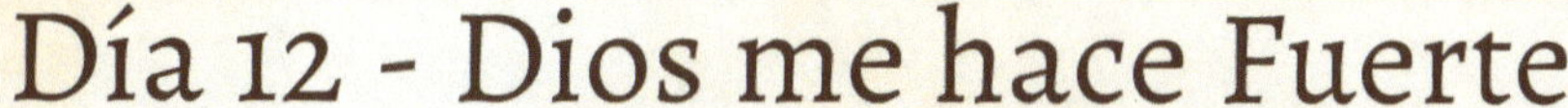

"…y escogió Dios lo débil del mundo para avergonzar a los poderosos."
-1 Cor. 1:27

Había sido un día difícil. Hanna llegó furiosa de la escuela, lanzó el morral al piso y cruzó los brazos con fuerza. Su ceño fruncido decía más que mil palabras.

Sagu, siempre atento, dio un pequeño brinco y se sentó a su lado.

—Hanna, ¿qué pasó? —preguntó con su voz suave.

Hanna respiró profundo.

—Hay un niño en la escuela que no deja de gritar ni de hacer travesuras.

Hoy tomó mis colores y los escondió en un cesto de basura.

Sagu ladeó la cabeza.

—¿Y tú qué hiciste?

—Nada… soy muy pequeña para enfrentar eso —respondió Hanna con tristeza.

Sagu le tomó la mano y dijo:

—Si te sientes pequeña, pídele a Dios que te haga fuerte.

Hanna levantó la mirada. Su corazón empezó a sentirse más ligero.

—Es verdad… Dios nos hace fuertes aun cuando creemos que no podemos. Mañana le diré con firmeza y cariño que eso no está bien.

Sagu sonrió, orgulloso de su amiga.

Papito Dios, ayúdame a ser fuerte y valiente, a hacer siempre lo correcto.
Amén

¿Cuándo has necesitado valentía para hacer lo correcto?

Día 13 - El Regalo de la Obediencia

"Cuando obedecen mis mandamientos, permanecen en mi amor, así como yo obedezco los mandamientos de mi Padre y permanezco en su amor" -Juan 15:10

Hanna estaba sentada pensativa en el sillón de la sala. Frente a ella brillaba su bicicleta nueva, el regalo que había esperado por muchos meses. Era perfecta. Quería salir de inmediato a montarla con sus amigos.

Pero mamá habló con voz tranquila: —Primero hay que ordenar el cuarto.

Hanna suspiró. No le parecía justo. Hoy no era un día cualquiera, pensó.

Dogui corría emocionado alrededor de la bicicleta, y Michiko, con voz firme, dijo: —Las reglas son las reglas, aunque no nos gusten.

Sagu se acercó con una sonrisa suave y preguntó: —Hanna, ¿qué crees que Jesús haría en tu lugar?

Hanna se quedó en silencio unos segundos.

 —Él obedecería... por difícil que fuera —respondió.

—Exacto —dijo Sagu—. Cuando obedecemos con amor, todo termina saliendo bien.

Hanna se levantó del sillón y sonriendo dijo:

 —Entre más rápido obedezca, más rápido podré disfrutar mi regalo.

Todos ayudaron a ordenar el cuarto. Rieron, trabajaron juntos y, cuando terminaron, salieron felices a montar la bicicleta.

Ese día, Hanna aprendió que obedecer no quita la alegría...la prepara.

Papito Dios, guíame en mi camino y enséñame a obedecer como lo hizo Jesús. Amén

¿Cuándo ser obediente te trajo felicidad?

Día 14 - Cuando el Amor Gana la Carrera

"No se preocupen por su propio bien, sino por el bien de los demás." -1Cor.10:24

Era un día especial. En la televisión transmitían la final de una gran carrera de atletismo, y Hanna y sus amigos estaban sentados frente a la pantalla, llenos de emoción, esperando ver quién ganaría. Todos estaban realmente emocionados.

La carrera comenzó. Todos gritaban animando a los competidores.

De pronto, algo inesperado ocurrió.

El atleta que iba en primer lugar se dobló un pie y cayó al suelo. La habitación quedó en silencio.

Entonces, los corredores que venían en segundo y tercer lugar se detuvieron. Miraron a su compañero, regresaron por él y lo ayudaron a levantarse. Juntos, lo tomaron de los hombros y lo acompañaron hasta la meta.

Michiko frunció el ceño, confundido.

—No entiendo... ¿por qué se detuvieron? —preguntó.

Hanna, con los ojos brillantes, se levantó del sillón y exclamó:

—¡Porque hoy no hubo un solo ganador... hubo tres ganadores!

Sonrió emocionada y añadió:

—Creo que el corazón de Papito Dios está muy feliz. Hoy nos enseñaron que amar, ayudar y pensar en los demás... también es una forma de ganar.

Papito Dios, ayúdame a ver cuando mis amigos necesitan algo. Enséñame a ayudarlos con amor y alegría. Amén.

¿Recuerdas la última vez que ayudaste a un amigo?

Día 15 - Cada Fruto a su Tiempo

"...Son como árboles plantados a la orilla de un río que siempre dan fruto en su tiempo." -Salmo 1:3

Hanna estaba sentada alrededor de la mesa, admirando un hermoso frutero que su mamá había preparado con mucho amor. Estaba lleno de frutas coloridas y apetecibles: mandarinas brillantes, manzanas rojas, peras suaves y uvas jugosas. Todas se veían diferentes, pero juntas formaban algo muy especial.

Dogui se acercó curioso y comenzó a olfatear el frutero.

—Todas huelen distinto —dijo moviendo la cola.

Michiko observó con atención y comentó con su tono serio:

—Sí... pero no hay mangos.

Sagu dio un pequeño brinco y explicó con dulzura:

—Es porque no todas las frutas crecen en la misma estación.

Hanna sonrió y los miró a todos.

—Es verdad —dijo—. No todas las frutas crecen igual ni al mismo tiempo. Cada una tiene su momento especial.

Tomó una uva entre sus dedos y añadió:

—Así somos nosotros también. Dios nos hizo diferentes, y cada uno crece a su propio ritmo. Si aprendemos a escucharlo y a confiar en Él, nuestras diferencias nos harán fuertes y agradables ante Sus ojos y ante quienes nos aman.

Papito Dios, gracias por hacerme especial. Ayúdame a crecer en tu tiempo y a escuchar tu voz todos los días. Amén

¿Qué te hace especial y diferente de otros?

Día 16 - Un Tiempo Para Todo

"Hay una temporada para todo, un tiempo para cada actividad bajo el cielo." -Eclesiastés 3:1

Hanna había dejado de hacer sus tareas porque el fin de año se acercaba y ella ya se sentía de vacaciones.

—Luego las hago —pensó—, todavía hay tiempo.

Pero los días pasaron y las tareas se acumularon.

Lo que antes parecía fácil, ahora se sentía difícil y pesado.

Sagu se acercó con su voz tranquila y preguntó:

—Hanna, ¿acaso no sabes que todo tiene su tiempo?

Michiko, con tono serio, añadió:

—Las responsabilidades van primero.

Dogui, con la lengua afuera, sonrió como diciendo que todavía había tiempo para jugar.

Sagu continuó:

—Dios hace todo a Su tiempo. Nosotros también debemos aprender a hacerlo.

Hanna entendió. Se sentó, terminó sus tareas con cuidado y, cuando acabó, su corazón se sintió liviano.

—La próxima vez —dijo sonriendo— no dejaré todo para el final.

Y así aprendió que cuando respetamos los tiempos, todo se vuelve más ligero y ordenado.

Papito Dios, enséñame a usar el tiempo sabiamente para hacer lo que necesito en el momento indicado. Amén

¿Hay algo que debas hacer hoy y que no pueda esperar?

Día 17 - Aprender a Esperar

"Podemos hacer nuestros planes, pero el Señor determina nuestros pasos." -Prov.16:9

—¡Es hoy! —gritó Hanna con emoción.

Había esperado ese día durante todo un mes. Hoy llegarían los resultados de su evaluación académica, y de ellos dependían sus tan deseadas vacaciones. Ir a casa de la abuela era lo que más anhelaba en todo el año.

Suspirando frente a la ventana, dibujó un pequeño reloj en el vidrio empañado y le dijo a Sagu:

—¿Por qué el tiempo pasa tan lento? Ya tengo las maletas listas...

Dogui, apoyando su cabeza sobre una almohada, también suspiró.

Sagu la miró con dulzura y respondió:

—Cuando sentimos que el tiempo avanza despacio, Dios nos enseña a esperar... a esperar con confianza. Todo llega cuando debe llegar.

Hanna suspiró una vez más, cerró los ojos por un momento y sintió paz en su corazón.

Justo entonces, el cartero llegó con una carta en la mano.

¡Eran buenas noticias!

Hanna sonrió, olvidando por completo cuánto había esperado. Comprendió que confiar en Dios hace que la espera valga la pena.

Papito Dios, enséñame a ser paciente y a confiar que tu tiempo es perfecto. Amén

¿Cómo puedes confiar en Dios mientras esperas?

Día 18 - Un Corazón que Sabe Escuchar

"¡Quédense quietos y sepan que yo soy Dios!" -Salmo 46:10

El cumpleaños de Hanna había sido maravilloso. La casa estaba llena de risas, globos y amigos. Habían jugado, cantado y celebrado durante horas. Cuando por fin la fiesta terminó, Michiko se acomodó en una esquina y suspiró:

—Gracias a Dios... ya se fueron todos.

Dogui todavía corría detrás de un globo, sin notar el cansancio.

Hanna, en cambio, se dejó caer suavemente en el sillón.

—Me encantó mi fiesta —dijo—, pero estoy tan cansada que mi corazón también necesita descansar.

Sagu cerró el libro que estaba leyendo y la miró con ternura.

—A veces —dijo en voz baja—, cuando todo hace mucho ruido, Dios nos invita a detenernos.

Hanna se sentó en el suelo, cerró los ojos y respiró despacio. Poco a poco, el ruido del día se fue apagando. Solo quedó el suave tic-tac del reloj.

En ese silencio, su corazón se llenó de paz.

—Creo que Dios está aquí... —susurró— en el silencio.

Sagu sonriendo dijo:

—Cuando estamos en calma, podemos sentirlo mejor.

Papito Dios, enséñame a escucharte y a sentirte en mis momentos de quietud. Amén

¿Cuál es tu lugar favorito para estar en silencio y sentir a Dios?

Día 19 - Montaña de Plegarias

"Podemos hacer nuestros planes, pero el Señor determina nuestros pasos." -Prov.16:9

Las montañas parecían más grandes esa mañana. Hanna las observaba con atención e imaginaba algo muy especial.

—Si las oraciones fueran cartas —dijo pensativa—, ¿serían una montaña tan grande como esta... o aún más grande?

Luego preguntó con curiosidad:

—¿Será que Papito Dios tiene tiempo de responderlas todas?

Michiko respondió rápido:

—Creo que Él escoge solo las oraciones más importantes.

Pero Sagu negó con la cabeza y dijo con seguridad:

—No es verdad. Dios escucha todas las oraciones cuando pedimos con fe.

Esa noche, Hanna se arrodilló junto a su cama. Con mucho amor y confianza, oró por sus papitos, por sus amigos y hasta por todos los niños del mundo.

Y en su corazón sintió paz, segura de que Dios la estaba escuchando.

Papito Dios, creo que tu escuchas cada oración, ayúdame a orar con fe y amor sabiendo que siempre me escuchas. Amén

¿Hay algo por lo que quieras orar hoy?

Día 20 - El Camino que Dios Endereza

"Busca su voluntad en todo lo que hagas, y él te mostrará cuál camino tomar." -Prov.3:6

Era mediodía y Hanna y sus amigos habían salido de excursión. Entre risas y juegos, por un momento se distrajeron... y sin darse cuenta, se separaron del grupo.

Cuando se detuvieron, el silencio los rodeó. Frente a ellos había dos caminos: uno pedregoso y difícil, y otro lleno de curvas.

Dogui se adelantó emocionado hacia el primero, pero Michiko lo detuvo de inmediato. —Espera, Dogui —dijo con voz firme—. ¿Cómo sabes que ese es el camino correcto?

Todos se miraron en silencio. Entonces Hanna respiró hondo y dijo con suavidad: —Es momento de pedirle a Dios que nos guíe.

En ese instante, algo llamó su atención. En el camino de la derecha, pequeñas piedritas brillaban bajo el sol, como si marcaran el paso.

—Creo que Dios nos está mostrando el camino —susurró.

Con cuidado, comenzaron a caminar juntos. Mientras avanzaban, Hanna les dijo: —Cuando confiamos en Dios y lo invitamos a caminar con nosotros, Él siempre nos muestra el mejor camino.

Y así, con pasos tranquilos y corazones confiados, volvieron a encontrarse con el grupo.

Papito Dios, quiero que siempre seas tu quien guíe mi camino, ayúdame a nunca apartarme. Amén

¿Alguna vez le haz pedido a Dios que te muestre el camino correcto?

Día 21 - El Día en que Todos Brillaron

"De la misma manera, dejen que sus buenas acciones brillen a la vista de todos, para que todos alaben a su Padre celestial." -Mateo 5:16

Esa mañana, Hanna y sus amigos despertaron con una noticia triste: una inundación había dañado la escuela.

—Tenemos que ir a ayudar —dijo la mamá de Hanna.

Sin pensarlo dos veces, todos se prepararon y fueron juntos. Al llegar, ya había personas limpiando y secando. Una profesora se acercó con una sonrisa y agradeció a Dios al ver a más personas unirse para ayudar.

Trabajaron duro toda la mañana. Limpiaron, ordenaron y arreglaron lo que estaba dañado. Poco a poco, la escuela comenzó a verse mejor.

Cuando la tarde llegó a su fin, Hanna miró a sus amigos y dijo:

—¿Se dan cuenta? Hoy todos brillamos.

Michiko, lamiéndose las patitas, respondió:

—Yo no brillo...

Sagu sonrió con ternura y dijo:

—Cuando amamos y ayudamos, dejamos que la luz de Dios brille a través de nosotros.

Y ese día, sin darse cuenta, todos iluminaron el lugar con algo más fuerte que el sol: el amor.

Papito Dios, permíteme ayudar a otros y que todos puedan ver tu luz en mi. Amén

¿De qué manera puedes dejar que la luz de Dios brille hoy a través de ti?

Nota de Despedida

Querido lector,

Gracias por acompañar a Hanna y a sus amigos durante estos 21 días de historias, oraciones y pequeños momentos con Dios.
Cada página fue escrita con amor, con la esperanza de que este devocional haya sembrado paz, confianza y fe en tu corazón.

Recuerda que Dios siempre camina contigo:
en los días alegres y en los días difíciles,
en el ruido y en el silencio,
cuando todo parece claro... y cuando no lo es.

Que las historias de Hanna te recuerden que nunca estás solo,
que tu voz importa,
que tus oraciones son escuchadas
y que la luz de Dios siempre está encendida para ti.

Sigue buscando a Dios en lo cotidiano,
en los pequeños detalles,
en el amor compartido
y en cada nuevo comienzo.

Con cariño y gratitud,
Rosalina Rangel

Sobre la Autora

Rosalina Rangel es una mujer profundamente agradecida con Dios por el regalo de la vida.

Después de atravesar momentos difíciles que marcaron su historia, aprendió que cada día es una oportunidad para confiar, amar y escuchar con el corazón. Este libro nace como una expresión de gratitud a Dios, quien la ha sostenido con su luz y su paz en cada etapa del camino.

Su familia es su mayor inspiración. Ellos le recuerdan cada día el valor del amor, la fe y la esperanza, incluso en los momentos más desafiantes. Hanna's Universe fue creado con el deseo de acompañar a los niños en su crecimiento espiritual, recordándoles que Dios siempre está cerca, que su voz es suave y que su amor nunca se apaga.

"Y enseñándoles a obedecer todo lo que les he mandado. Y les aseguro que estaré con ustedes siempre, hasta el fin del mundo." — Mateo 28:20

CONTINÚA EL VIAJE

Gracias por compartir este devocional con Hanna y sus amigos.

Escanea el código QR para descubrir más libros, actividades, devocionales y recursos familiares de Hanna's Universe.

Si este libro fue especial para tu familia, tu reseña puede ayudar a que otros lectores también lo descubran en la tienda donde compraste tu ejemplar.

Gracias por ser parte de este pequeño universo de fe, amistad y aprendizaje.

Con cariño,

Rosalina Rangel
Hanna's Universe